L'IDYLLE

DES

CERISES

Cette étude, accompagnée de nombreuses notes historiques, qui ne sont reproduites qu'en partie dans la présente édition, a paru dans la *Revue Savoisienne*, organe périodique de l'*Académie Florimontane* d'Annecy (année 1912, pages 17-51).

Les pages extraites des *Confessions* sont conformes au manuscrit de J.-J. Rousseau conservé à la Bibliothèque de Genève.

Il a été imprimé de cet ouvrage
100 exemplaires, sur pur fil d'Arches,
numérotés de 1 à 100.

LES CERISES ET LES AMOUREUSES

d'après Baudouin.

FRANÇOIS ET JOSEPH SERAND

UN ÉPISODE DE LA VIE DE J.-J. ROUSSEAU

L'IDYLLE DES CERISES

M. DARDEL, ÉDITEUR
CHAMBÉRY
1928

L'IDYLLE DES CERISES

ECRIRE quelque chose de nouveau au sujet des *Confessions* de Jean-Jacques Rousseau pourra paraître téméraire, après tant de travaux consacrés à son existence tourmentée et vagabonde. Cependant, une page de ce livre semble avoir été négligée par les érudits et les chercheurs ; la page la plus belle, peut-être, entre toutes, par le charme délicieux et troublant qui s'en dégage, comme un lointain parfum d'innocence et d'amour...

Nous voulons parler du récit de la promenade à Thônes avec Mlles Galley et de Graffenried.

Sans doute, des écrivains comme Jacques Replat, Francis Wey, Raverat, Th. Dufour, F. Mugnier et d'autres encore, en rappelant cet épisode, ont-ils essayé d'en fixer certains points, mais, à défaut de documents ou de renseignements précis, ils ont dû rester dans le domaine des conjectures et des hypothèses.

Ainsi, par exemple, quelle date faut-il assigner à cette journée heureuse de la vie de Rousseau ? En quel endroit a-t-il rencontré ses deux aimables compagnes et traversé un ruisseau *ayant de l'eau jusqu'à mi-jambes ?* Quelle était cette demoiselle Galley à qui il eût voulu jeter ses lèvres ? Et l'idylle du cerisier elle-même, ne serait-elle, comme on l'a supposé, qu'une invention de son imagination ?...

Ces questions, que l'on se pose encore aujourd'hui, nous avons cherché à les élucider, du moins dans la mesure où c'est possible.

Nous avons, dans ce but, fouillé de nombreux minutaires de notaires — ces archives de la vie familiale d'autrefois — ; consulté des plans, des généalogies, compulsé des rapports administratifs de l'époque, et ce sont les résultats de ces recherches que nous allons exposer dans cette étude.

Pour procéder avec clarté et méthode, nous suivrons Rousseau pour ainsi dire pas à pas depuis son départ d'Annecy jusqu'à son retour, en reproduisant, par tranches et en italiques, le texte des

Confessions que l'on voudra bien nous pardonner de disséquer ainsi. Nous présenterons, au fur et à mesure, les documents ou indications que nous avons pu découvrir et qui sont de nature à corroborer le récit et nous tâcherons, enfin, de tirer les conclusions les plus vraisemblables là où le doute pourrait subsister.

∴

C'est au retour de son voyage à Lyon avec Nicolas Le Maître, maître de musique de la cathédrale d'Annecy, qu'il a fait sa promenade à Thônes. On sait qu'à la suite d'une discussion avec l'abbé de Vidonne, chantre du chapitre de Saint-Pierre, Le Maître s'enfuit d'Annecy, emportant sa musique, pour laisser les chanoines dans l'embarras au moment des fêtes de Pâques, où l'on avait le plus besoin de lui et de ses cahiers. Sur le conseil de Mme de Warens, qui avait, comme on le croit, des raisons pour l'éloigner d'elle, Jean-Jacques accompagna son professeur à Lyon, où il l'abandonna deux jours après leur arrivée pour revenir en toute hâte à Annecy.

Pendant ce temps, Mme de Warens était allée à Paris et l'on sait par plusieurs lettres échangées au sujet de ce voyage et publiées depuis, qu'il eut lieu en 1730.

Ne pouvant retourner habiter à la maîtrise qu'il avait désertée avec Le Maître dans des conditions si bizarres, ni chez Mme de Warens, qui était absente d'Annecy, Rousseau demanda à son ami Venture de Villeneuve de partager sa chambre. Ce dernier, qui avait été musicien à la maîtrise, habitait chez un cordonnier *plaisant et bouffon personnage* dont nous n'avons pas encore pu identifier le nom ni la demeure.

Venture était en ce moment *brillant et fêté dans tout Annecy ; les dames se l'arrachoient.* Pendant ce temps Jean-Jacques, n'étant plus séminariste ni enfant de chœur à la maîtrise, ne savait que faire. Dans son désœuvrement il alla se promener dans la direction de Thônes ce matin où « l'aurore lui parut si belle » : *et moi j'allois me promener seul, méditant sur son grand mérite, admirant, convoitant ses rares talens, et maudissant ma maussade étoile qui ne m'appeloit point à cette heureuse vie!*

Il est donc ainsi établi que la journée des cerises appartient à l'année 1730.

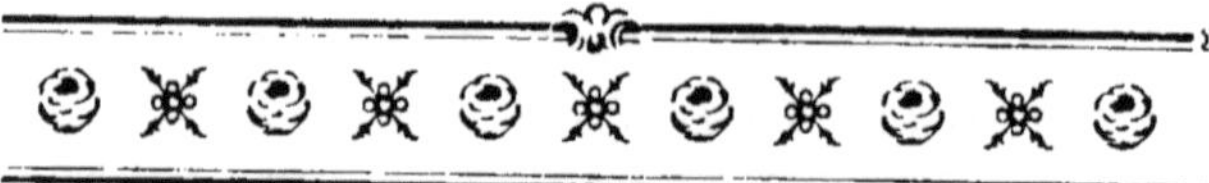

LE DÉPART

L'aurore un matin me parut si belle, que m'étant habillé précipitamment, je me hâtai de gagner la campagne pour voir lever le soleil. Je goûtai ce plaisir dans tout son charme; c'étoit la semaine après la Saint-Jean. La terre, dans sa plus grande parure, étoit couverte d'herbe et de fleurs; les rossignols, presque à la fin de leur ramage, sembloient se plaire à le renforcer; tous les oiseaux, faisant en concert leurs adieux au printems, chantoient la naissance d'un beau jour d'été, d'un de ces beaux jours qu'on ne voit plus à mon âge, et qu'on n'a jamais vu dans le triste sol où j'habite aujourd'hui.

Nous connaissons l'année, essayons maintenant de trouver le jour de la promenade.

Notre regretté père, Eloi Serand, qui avait cherché à fixer ce point de l'histoire de Rousseau pendant son séjour à Annecy, a cru pouvoir indiquer le 29 juin en se basant sur les faits suivants :

Il existe au dépôt des archives départementales de la Haute-Savoie un registre tenu par les employés du cadastre qui travaillaient en 1730 à la confection des mappes cadastrales dans la région de Thônes et intitulé : *Journalier des Géomètres du département du Sr Roggieri délégué pour la mensuration générale de Savoie, commencé en décembre 1729.*

Sur ce registre, chaque géomètre a indiqué, pour les jours ouvrables, l'emploi de son temps ou les motifs qui l'ont empêché de travailler sur le terrain. On trouve ainsi les mentions suivantes : *Travaillé la moitié du jour le reste pluye, travaillé en campagne, Pioggia.* Pour les dimanches ou jours fériés (nombreux à cette époque), il n'y a pas de mention ou bien, *festa di domenica* (fête du dimanche), *Feste de Dieu,* etc. Presque tous les géomètres employés au cadastre de 1730 étaient Piémontais. Il ne faut donc pas s'étonner de trouver ici des expressions dans une langue qui n'était pas celle usitée en Savoie, où l'on a toujours parlé le français.

Rousseau a écrit : « *C'étoit la semaine après la Saint-Jean.* » Or, en 1730, le 24 juin, fête de la Saint-Jean, tomba un samedi. Il faut donc chercher entre les dimanches 25 juin et 2 juillet : « un beau jour d'été ».

Si l'on se reporte aux indications du registre cadastral, on remarque que le temps a été mauvais dès le 16 juin ; que pendant la semaine qui nous occupe il a plu une partie de la journée des lundi, mardi, mercredi et vendredi. Le jeudi 29 juin, fête des SS. Pierre et Paul, chômée en Savoie, les géomètres n'ont pas travaillé et ont simplement inscrit sur leur registre, *Fête de saint Pierre,* sans aucun renseignement touchant le temps qu'il a fait.

De là, la supposition que la promenade a pu avoir lieu le 29.

Nous ne croyons cependant pas pouvoir adopter cette date et voici pour quelles raisons :

1° Nous n'avons aucune preuve qu'il ait fait beau le 29, puisqu'il est seulement indiqué sur le registre du cadastre que ce jour-là était chômé ; mais, par contre, nous savons que le samedi tous les géomètres ont travaillé pendant la journée entière, par la mention du registre *Travaillé,* sans indication de pluie. C'était donc un « *beau jour d'été* ».

2° Le jeudi 29 juin se trouve entre deux jours pluvieux, alors que le 1er juillet est le premier d'une période de beau temps succédant à une série de jours pluvieux.

3° Le 29 juin étant fête chômée et célébrée par l'Église, il est peu probable que des jeunes personnes comme Mlles Galley et de Graffenried, qui étaient pratiquantes, se soient mises en route ce jour-là pour faire une promenade aussi longue et nécessitant un départ aussi matinal. On peut supposer également, avec quelque raison, que Jean-Jacques lui-même, récemment sorti du séminaire et de la maîtrise, et en somme, protégé par le clergé, a dû rester à Annecy pour y suivre les offices religieux, puisque, quelques jours plus tard, étant à Lausanne, il faisait deux lieues pour assister à la messe : « *Comme j'étois catholique et que je me donnois pour tel, je suivois sans mystère et sans scrupule le culte que j'avois embrassé. Les dimanches, quand il faisoit beau, j'allois à la messe à Assens, à deux lieues de Lausanne.* »

4° Enfin, le 1er juillet était un samedi, jour de

marché à Thônes. Cette circonstance a pu décider Mlle Galley à choisir ce jour pour rencontrer plus facilement quelques-uns des fermiers que sa mère avait dans la région et qui pouvaient être descendus des environs.

Pour ces diverses raisons, nous pensons pouvoir conclure que la promenade a eu lieu le samedi 1er juillet 1730, au lieu du 29 juin, comme on l'avait supposé jusqu'ici.

LA RENCONTRE

Je m'étois insensiblement éloigné de la ville, la chaleur augmentoit, et je me promenois sous des ombrages dans un vallon le long d'un ruisseau. J'entens derrière moi des pas de chevaux et des voix de filles qui sembloient embarrassées, mais qui n'en rioient pas de moins bon cœur. Je me retourne, on m'appelle par mon nom, je m'approche, je trouve deux jeunes personnes de ma connoissance, Mlle de Graffenried et Mlle Galley, qui, n'étant pas d'excellentes cavalières, ne savoient comment forcer leurs chevaux à passer le ruisseau. Mlle de Graffenried étoit une jeune Bernoise fort aimable, qui, par quelques folies de son âge, ayant été jetée hors de son pays, avoit imité madame de Warens, chez qui je l'avois vue quelquefois ; mais n'ayant pas eu une pension comme elle, elle avoit été trop heureuse de s'attacher à Mlle Galley, qui, l'ayant prise en amitié, avoit engagé sa mère à la lui donner pour compagne jus-

qu'à ce qu'on la pût placer de quelque façon. Mlle Galley, d'un an plus jeune qu'elle, étoit encore plus jolie; elle avoit je ne sais quoi de plus délicat, de plus fin; elle étoit en même tems très mignonne et très formée, ce qui est pour une fille le plus beau moment. Toutes deux s'aimoient tendrement, et leur bon caractère à l'une et à l'autre ne pouvoit qu'entretenir longtems cette union, si quelque amant ne venoit pas la déranger.

En 1730, Charlotte de Menthon du Marest[1], veuve depuis le 8 janvier 1724 de François-Marie Galley de Saint-Pierre, coseigneur de la val des Clefs, avait sept enfants, dont deux garçons et cinq filles. Parmi ces dernières, deux seulement étaient en âge de faire, seules, à cheval, le voyage à Thônes : 1° Claudine, née le 27 juin 1710 et par conséquent âgée de vingt ans ; 2° Jeanne-Rose, née le 29 mai 1712 et âgée de dix-huit ans ; les autres ayant respectivement treize, huit et six ans.

On s'est naturellement demandé laquelle des deux avait été l'héroïne de l'idylle. F. Mugnier a cru pouvoir indiquer que c'était Claudine, mais sans fournir de preuve et en se basant simplement sur ce qu'elle était l'aînée de la famille. Le doute était donc encore permis.

Or, nous avons découvert un document qui tranche la question et établit que Jeanne-Rose était entrée depuis le 27 mai 1729, c'est-à-dire depuis plus d'un an, dans le *Dévot Monastère de Saint-Bernard de la ville de Rumilly* où elle se fit religieuse.

C'est donc sa sœur aînée Claudine qui alla à Thônes et à qui Jean-Jacques jeta des cerises à défaut de ses lèvres.

Quant à Mlle de Graffenried « la jeune Bernoise fort aimable » nous n'avons pu trouver de nouveaux renseignements à son sujet. On sait seulement qu'elle figure sur le dénombrement de la population d'Annecy dressé en 1743, où elle est portée comme étant âgée de trente ans. Si ce chiffre était exact, elle serait née en 1713 et aurait été plus jeune que Claudine Galley, ce qui ne concorderait plus avec le récit des *Confessions*. Mais peut-on bien se fier à l'âge donné par une femme sur une feuille de recensement et la jolie Bernoise n'aurait-elle pas cédé à la tentation de se rajeunir de quelques printemps ?

LE PASSAGE DU RUISSEAU

Elles me dirent qu'elles alloient à Toune, vieux château appartenant à madame Galley ; elles implorèrent mon secours pour faire passer leurs chevaux, n'en pouvant venir à bout elles seules. Je voulus fouetter les chevaux ; mais elles craignoient pour moi les ruades et pour elles les haut-le-corps. J'eus recours à un autre expédient. Je pris par la bride le cheval de Mlle Galley, puis, le tirant après moi, je traversai le ruisseau ayant de l'eau jusqu'à mi-jambes, et l'autre cheval suivit sans difficulté[2]*. Cela fait, je voulus saluer ces demoiselles, et m'en aller comme un benêt : elles se dirent quelques mots tout bas, et Mlle de Graffenried, s'adressant à moi : « Non pas, non pas, me dit-elle, on ne nous échappe pas comme cela. Vous vous êtes mouillé pour notre service ; et nous devons en conscience avoir soin de vous sécher : il faut, s'il vous plaît, venir avec nous ; nous vous arrêtons prisonnier. » Le cœur* *me battoit; je regardois Mlle Galley. « Oui, oui, ajouta-t-elle en riant de ma mine effarée, prisonnier de guerre ; montez en croupe derrière elle, nous voulons rendre compte de vous. — Mais, mademoiselle, je n'ai point l'honneur d'être connu de madame votre mère : que dira-t-elle en me voyant arriver ? — Sa mère, reprit Mlle de Graffenried, n'est pas à Toune, nous sommes seules ; nous revenons ce soir, et vous reviendrez avec nous.* »

A quel endroit Jean-Jacques a-t-il rencontré les deux promeneuses matinales et passé un ruisseau « ayant de l'eau jusqu'à mi-jambes » ?

Ici, quelques notes géographiques sont nécessaires pour les personnes ne connaissant pas la région.

Le « vieux château de Toune » appartenant à Mme Galley était appelé en 1730 maison forte de La Tour. Il est situé à vingt-cinq minutes environ de la petite ville de Thônes dont Rousseau a désigné le nom dans sa forme patoise « Toune » encore employée aujourd'hui. Cette localité, distante de 21 kilomètres d'Annecy, occupe le centre d'une des régions pastorales les plus pittoresques de la Haute-Savoie. Elle se trouve à l'intersection des

LE PASSAGE DU RUISSEAU

d'après Seabl.

trois vallées d'Alex, de Serraval et des Villards-sur-Thônes. C'est dans cette dernière vallée qu'existe encore aujourd'hui le château de La Tour.

En 1730, on pouvait se rendre d'Annecy à Thônes, comme aujourd'hui d'ailleurs, par les deux voies suivantes :

1° Le chemin royal passant par Vignières, le château de la Peisse, la gorge et le pont de Saint-Clair, puis la rive droite du Fier par Dingy, la Balme de Thuy et Morette ; 2° le chemin qui suivait la rive droite du lac d'Annecy, passait à Chavoires, Veyrier, Menthon, le hameau des Moulins et le col de Bluffy. De ce point, un embranchement rejoignait le chemin royal au pont Saint-Clair par Château Folliet ; un autre se dirigeait vers Thônes par Alex, la rive gauche du Fier, qu'il ne pouvait traverser à Morette aucun pont n'y existant, faisait un détour pour aboutir à Thônes par Tronchine.

D'après les mappes cadastrales de l'époque, ce dernier embranchement présentait une lacune, dans les environs du pont actuel de Morette. Il était très peu fréquenté et la seule route réellement praticable pour aller à Thônes était celle de la rive droite par La Balme.

D'autre part, la section du chemin royal comprise entre le village de Sur-les-Bois et le pont Saint-Clair, c'est-à-dire dans la gorge sauvage de Saint-Clair, était en fort mauvais état si l'on en juge par les renseignements suivants extraits d'un rapport du service des « Ponts et Chemins » :

« ... De grands chemins qui sont aujourd'hui encore beaucoup plus affreux et plus périlleux que jamais pour n'être qu'un précipice continuel durant toute l'étendue de cette route, attendu qu'ils sont si étroits, si scabreux et remplis en un mot de pierres si monstrueuses outre quantité de rochers fort glissants et raboteux qui s'y rencontrent à tout bout de champ qu'on ne saurait sans risque se contrepasser deux personnes à cheval et même à peine les chevaux de charge peuvent-ils défiler l'un après l'autre sans un péril évident... »

On peut, il nous semble, déduire de l'ensemble de ces indications que Mlles Galley et de Graffenried ont dû suivre le chemin par Menthon, le col de Bluffy et Château-Folliet qui ne présentait pas les dangers de l'autre et avait en outre l'avantage, très appréciable pour des jeunes filles voyageant seules, de traverser plusieurs lieux habités et d'être moins isolé et moins sauvage.

On sait, d'ailleurs, qu'à cette époque, les femmes montaient couramment à cheval et nous avons trouvé dans les actes d'amodiation de la ferme de La Tour, que Mme Galley se réservait, chaque année, dix journées de cheval que devait fournir le granger ou fermier.

Quant à Jean-Jacques, on connaît son amour pour les précipices. *Il me faut des torrens, des rochers, des sapins, des bois noirs, des montagnes, des chemins raboteux à monter et à descendre, des précipices à mes côtés qui me fassent bien peur...*

Il a dû, sans doute, passer par le défilé de Saint-Clair où il était servi à souhait. Aujourd'hui encore, ce passage est toujours impressionnant. En 1730, alors que les pentes de la montagne étaient beaucoup plus boisées ; qu'il n'était traversé que par un étroit chemin taillé en corniche en certains endroits, comme à la Louvatière, par exemple ; qu'il dominait de très haut sur des escarpements le cours encaissé du Fier, il devait présenter un caractère grandiose et sauvage bien fait pour séduire Rousseau.

*
* *

Examinons maintenant d'un peu près le récit des *Confessions* :

1° Rousseau a quitté Annecy un peu avant le lever du soleil : *Je me hâtai de gagner la campagne pour voir lever le soleil*, c'est-à-dire vers quatre heures, le soleil, au commencement de juillet, se levant à 4 h. 1 minute.

2° D'autre part, on peut fixer assez exactement l'heure d'arrivée des jeunes gens au château de La Tour puisqu'aussitôt ils déjeunèrent. Il s'agit évidemment du petit déjeuner du matin qui se prend à la campagne entre 8 et 9 heures, car on trouve plus loin qu'ils dînèrent (le repas de midi est encore communément appelé en Savoie : le dîner).

3° Nous savons également l'heure de leur départ de La Tour, qui eut lieu après le goûter, c'est-à-dire après la collation de quatre heures du soir : *Après le dîner nous fîmes une économie : au lieu de prendre le café qui nous restoit du déjeuner nous le gardâmes pour le goûter.*

Et plus loin : *Enfin elles se souvinrent qu'il ne fal-*

loit pas attendre la nuit pour rentrer en ville. Il ne nous restoit que le tems qu'il falloit pour arriver de jour.

4° Enfin nous savons que Jean-Jacques rentra à Annecy d'assez bonne heure par cette phrase qui laisse supposer que, contrairement à son habitude, son compagnon de chambre, Venture, se coucha tôt : *Venture qui s'étoit couché fort tard la veille, rentra peu de tems après moi.*

Au commencement de juillet, le soleil se couchant à 8 heures, on peut admettre que Rousseau rentra à Annecy vers 9 heures, soit à la nuit, suivant le calcul de ses compagnes.

L'excursion a donc pu durer vraisemblablement de quatre heures du matin à neuf heures du soir, soit, au total, 17 heures.

Si, de ce chiffre, on retranche le temps que Jean-Jacques a passé en compagnie de Claudine Galley et de Mlle de Graffenried, soit douze heures : *Douze heures passées ensemble nous valoient des siècles de familiarité,* il reste cinq heures qui représentent le temps qu'il mit pour effectuer, seul, le trajet d'Annecy au lieu de la rencontre et inversement.

Si, enfin, l'on admet qu'il est rentré par le même chemin que le matin, soit par la gorge de Saint-Clair, il faut fixer le passage du ruisseau en un endroit situé à deux heures et demie d'Annecy, soit aux environs du pont Saint-Clair.

Parmi les personnes qui ont essayé de résoudre ce problème, les unes placent le passage du gué sur l'un des ruisseaux qui coupent l'ancien chemin royal dans la longueur comprise entre le pont Saint-Clair et le hameau de Morette, sur la rive droite ; d'autres ont supposé que Jean-Jacques a traversé le Fier lui-même un peu en amont du pont Saint-Clair, à l'endroit où le torrent élargit son lit avant de pénétrer dans le défilé et où il est, en effet, encore guéable aujourd'hui.

A cette hypothèse on peut faire quelques objections :

Pourquoi les deux jeunes cavalières voulurent-elles traverser le Fier, dont les eaux devaient être passablement grosses après une période pluvieuse, alors qu'elles avaient, un peu plus bas, à quelques minutes, à leur disposition le pont de Saint-Clair, qui était en bon état de viabilité ?

Si Rousseau avait traversé le Fier à cet endroit

il est fort probable qu'il aurait eu de l'eau plus haut qu'à mi-jambes.

Enfin, pourquoi écrit-il un *ruisseau* alors qu'il s'agissait en réalité d'un torrent important, presque d'une rivière, dont le lit avait 125 mètres de largeur?

Voyons, maintenant, l'autre hypothèse. Après avoir traversé le pont Saint-Clair, si l'on remonte le Fier en suivant la route actuelle qui est, à peu de choses près, l'ancien chemin royal, on ne tarde pas, à environ dix minutes du pont, près de la scierie du hameau de chez Collet ou de Glandon, à traverser le petit ruisseau du Melèze qui descend de la Combe de la Blonnière.

Or, en 1730, aucun pont n'existait sur ce ruisseau, et les personnes qui suivaient le chemin pour aller à Thônes ou pour en revenir étaient obligées de traverser à gué ce petit cours d'eau. On peut s'en convaincre par l'examen de la mappe et par l'extrait suivant d'un rapport du châtelain de la paroisse de Dingy, daté du 21 février 1735, que nous avons découvert aux archives départementales :

« Je soussigné, châtelain de la paroisse de Dingy Saint-Clair, certifie qu'en exécution de l'ordonnance de Mons. Bonnaud, intendant général de S. M. deçà les monts, en date du 21 février, année courante (1735), j'ai procédé à la visite des ponts et chemins de la dite paroisse en l'assistance de Guillaume à feu Louis Delagrange et d'Estienne à feu Riotton, experts choisis par je soussigné, en légitime assemblée, le onze mars, lesquels avons trouvé en assez bon estat ayant tant seulement remarqué qu'il est d'une nécessité indispensable de faire un pont sur le torrent de Melaize qui traverse le grand chemin tendant d'Annecy à Thônes, lequel torrent à la moindre abondance d'eau grossit d'une telle sorte qu'il est impossible de le gayer ny à pied ny à cheval, outre qu'autrefois il y avait sur le même torrent un pont de pierre dont les vestiges existent actuellement y ayant encore le dessous d'un des pilliers, au couchant. »

On pourrait donc placer à cet endroit la rencontre de Rousseau avec Mlles Galley et de Graffenried. Ici, la concordance avec le récit des *Confessions* est bien plus frappante et l'on ne peut guère soulever d'objections.

Jean-Jacques ayant quitté Annecy un peu avant quatre heures du matin et suivi le chemin royal

LA CASCADE DE MORET

DE MORETTE

décrit plus haut, pouvait se trouver vers 6 h. 1/2 au passage du Melèze. C'est, à peu près, le temps qu'il faut aujourd'hui pour y arriver à pied[3].

A cette heure, la chaleur du soleil commençait à se faire sentir.

Après la période pluvieuse que l'on venait de traverser les eaux du ruisseau devaient être assez grosses pour que leur bruit effrayât les chevaux. Aujourd'hui encore, le chemin est ombragé par des arbres. Enfin, il s'agit, ici, d'un ruisseau et non plus d'un torrent comme le Fier.

On peut remarquer également que, quelques pas en amont du pont du Melèze, s'ouvre un petit vallon latéral à la chaîne montagneuse du Lachat au fond duquel coule le Melèze.

Poursuivant sa promenade solitaire, Rousseau, arrivé près du gué, et n'ayant pas encore de motif pour se mouiller les pieds, remontait peut être le long de la rive droite dans la direction du village de Dingy, s'enfonçant dans ce petit vallon plein d'ombre dont la fraîcheur devait l'attirer lorsqu'il fut hélé par les deux jeunes filles arrivant près du gué et qui l'ont par conséquent surpris puisqu'elles étaient derrière lui.

Du ruisseau du Melèze à la Tour, il y a environ douze kilomètres et, en tenant compte du mauvais état des chemins en 1730, des chevaux pouvaient cependant effectuer le trajet en deux heures..... même en portant deux jolies amoureuses et un homme de génie !

L'arrivée à La Tour a dû avoir lieu vers 8 h. 1/2, heure encore assez matinale pour permettre de faire le petit déjeuner. *Arrivés à Toune et moi bien séché, nous déjeunâmes.*

Même concordance de temps également en ce qui concerne le retour. Le départ de La Tour a dû avoir lieu entre 4 h. 1/2 et 5 heures, c'est-à-dire après le goûter. Comme d'autre part la séparation s'est faite non loin du point de la rencontre : *Je les quittai à peu près au même endroit où elles m'avoient pris*, c'est-à-dire, sans doute, au pont Saint-Clair, on peut la fixer vers 6 h. 1/2. Il restait donc à Rousseau 2 h. 1/2 pour rentrer à Annecy, temps qui est effectivement nécessaire pour faire le trajet à pied.

Que faut-il conclure de ces rapprochements et renseignements ? On peut sans doute soutenir les deux hypothèses, mais, à notre avis, celle du passage du Melèze nous paraît la plus logique, la plus vraisemblable, celle qui cadre le plus parfaitement avec le récit de Jean-Jacques.

Dans tous les cas, il paraît difficile de placer ailleurs qu'aux deux endroits cités plus haut le point de cette heureuse rencontre.

SUR LA ROUTE DE THONES

L'effet de l'électricité n'est pas plus prompt que celui que ces mots firent sur moi. En m'élançant sur le cheval de Mlle de Graffenried je tremblois de joie ; et quand il fallut l'embrasser pour me tenir, le cœur me battoit si fort qu'elle s'en aperçut ; elle me dit que le sien lui battoit aussi, par la frayeur de tomber ; c'étail presque, dans ma posture, une invitation de vérifier la chose : je n'osai jamais, et durant tout le trajet mes deux bras luj servirent de ceinture, très serrée à la vérité, mais sans se déplacer un moment. Telle femme qui lira ceci me soufflelteroit volontiers, et n'auroit pas tort.

La gaieté du voyage et le babil de ces filles aiguisèrent tellement le mien, que jusqu'au soir et tant que nous fûmes ensemble, nous ne déparlâmes pas un moment. Elles m'avoient mis si bien à mon aise, que ma langue parloit autant que mes yeux, quoiqu'elle ne dît pas les mêmes choses. Quelques instants seulement, quand je me trouvois tête à tête avec l'une ou l'autre, l'entretien s'embarrassoit un peu; mais l'absente revenoit bien vite, et ne nous laissoit pas le tems d'éclaircir cet embarras.

Du ruisseau du Melèze à Thônes le chemin royal suivait la rive droite du Fier en se tenant à une certaine hauteur au-dessus du torrent qu'il surplombait en quelques endroits.

Son tracé doit être aujourd'hui, à peu de choses près, ce qu'il était en 1730. D'après le rapport cité plus haut, il devait être en assez mauvais état, obstrué par les branches, envahi par les haies et fréquemment coupé et raviné par les ruisseaux descendant de la montagne et où n'existaient pas de ponts.

Mais si le trajet était difficile et parfois dangereux, de quelle beauté calme et sévère était le paysage qui se déroulait au fur et à mesure que l'on avançait ? La vue embrassait toute la vallée depuis les croupes de la montagne de Beauregard et le col de Bluffy jusqu'à Thônes. Les montagnes, très rapprochées, étaient couvertes d'épaisses forêts de sapins d'où montaient, çà et là, les fumées bleues et paresseuses des charbonnières.

Plus haut, les dents d'Alex, la dent du Cruet, pareille à une svelte pyramide, puis les arêtes neigeuses de la Tournette se profilaient sur le ciel pur. On entendait monter, du fond de la vallée, le bruit monotone du Fier, aux eaux limpides et scintillantes, ou la chanson mélancolique d'un gardeur de chèvres...

Rousseau n'a rien vu de ce paysage, et qui oserait l'en blâmer ?

Dès qu'il tient Mlle de Graffenried par la taille, toute la nature disparaît à ses yeux... Adieu la radieuse matinée d'été, les fleurs de la Saint-Jean et le chant des rossignols à la fin de leur ramage...

Il n'est attentif qu'au joyeux babil de ses compagnes et ne veut plus voir que leurs frais visages. Son cœur bat si fort qu'il l'empêche d'entendre la cascade de Morette, tombant à deux pas du chemin, dont les eaux faisaient mouvoir les moulins de M. de Menthon et ont dû mettre, au passage, des gouttelettes limpides dans la chevelure des deux amazones...

LE CHATEAU DE LA TOUR

LE DINER

Arrivés à Toune, et moi bien séché, nous déjeunâmes. Ensuite il fallut procéder à l'importante affaire de préparer le dîner. Les deux demoiselles, tout en cuisinant, baisoient de tems en tems les enfans de la grangère, et le pauvre marmiton regardoit faire en rongeant son frein. On avoit envoyé des provisions de la ville, et il y avoit de quoi faire un très bon dîner, surtout en friandises ; mais malheureusement on avoit oublié du vin. Cet oubli n'étoit pas étonnant pour des filles qui n'en buvoient guère : mais j'en fus fâché, car j'avois un peu compté sur ce secours pour m'enhardir. Elles en furent fâchées aussi, par la même raison peut-être, mais je n'en crois rien. Leur gaieté vive et charmante étoit l'innocence même ; et d'ailleurs qu'eussent-elles fait de moi entre elles deux ? Elles envoyèrent chercher du vin partout aux environs, on n'en trouva point, tant les paysans de ce canton sont sobres et pauvres. Comme elles m'en marquoient leur chagrin, je leur dis de n'en pas être si fort en peine, et qu'elles n'avoient pas besoin de vin pour m'enivrer. Ce fut la seule galanterie que j'osai leur dire de la journée ; mais je crois que les friponnes voyoient de reste que cette galanterie étoit une vérité.

Nous dînâmes dans la cuisine de la grangère, les deux amies assises sur des bancs aux deux côtés de la longue table, et leur hôte entre elles deux sur une escabelle à trois pieds. Quel dîner ! quel souvenir plein de charmes ! Comment, pouvant à si peu de frais goûter des plaisirs si purs et si vrais, vouloir en rechercher d'autres ? Jamais souper des petites maisons de Paris n'approcha de ce repas, je ne dis pas seulement pour la gaieté, pour la douce joie, mais je dis pour la sensualité.

Le vieux château de Toune, cité par Rousseau, appartenant à Mme Galley, était, en réalité, une simple maison forte ou gentilhommière, bâtie ou restaurée vers la fin du XVIIe siècle, située à 25 minutes de Thônes, sur un coteau qui domine la rive gauche du Nom, affluent du Fier, au pied du Mont Colomban, au lieu dit La Tour, dépendant du hameau de Glapigny.

D'après la description des *biens fonciers, des bâtiments et des meubles délaissés par François Galley de Saint-Pierre,* on sait qu'en 1730, la propriété de La Tour se composait : « d'une maison à double étage avec cour et grange à deux bouvées, fours, jardin, chenevière, verger, terre et bois », le tout d'une contenance d'environ 40 journaux. La maison de maître, soit le château, comprenait trois pièces au rez-de-chaussée, dont une cuisine ; quatre chambres au premier étage et une tour dans laquelle se trouvait l'escalier.

Elle était séparée de la grange proprement dite par une cour avec fontaine et près de laquelle s'élevait un petit cellier ou *Fartot* qui existe encore aujourd'hui. Au levant de la maison s'étendait un jardin aux deux extrémités duquel on trouvait, au sud, une chapelle et, au nord, un four.

Mme Galley, riche propriétaire terrienne de la vallée de Thônes, habitait, selon les époques de l'année, soit à Annecy, en la rue Saint-François, un appartement qu'elle louait dans la maison des hoirs de Pierre-Antoine Perréard, tout près de l'habitation de Mme de Warens, soit, à Thônes, son logis ou hôtel de la rue de la Saône, soit enfin la maison forte de La Tour qu'elle occupait entièrement. Quelquefois, suivant les circonstances, elle ne gardait qu'une ou deux pièces, laissant au fermier la cuisine, ainsi que cela est stipulé dans l'acte de location de 1723, dont les clauses furent reproduites dans les baux de 1729 et 1731.

Si l'on en juge par l'inventaire cité plus haut, le château de La Tour devait être meublé avec un certain confortable. On pouvait y voir, notamment : « Des chaises à la Dauphine garnies de toile — un lit avec ses rideaux à l'impériale le tout de soie de lin rousse — sept tableaux avec leurs cadres ovales dorés — un miroir à petit cadre noir, de la hauteur d'environ deux pieds et demy — une table de miroir avec ses deux tiroirs et ses deux guéridons — six petites chaises bois noyer — une serrure à l'allemande avec ses garnitures, etc... »

Maintenant, en quel endroit eut lieu ce dîner à jamais célèbre? Rousseau écrit : *Nous dînâmes dans la cuisine de la grangère.* On pourrait croire qu'il veut désigner la cuisine de la maison de ferme actuelle ou « grangeage » dont nous avons trouvé les baux de location à partir de 1723. Nous inclinions, nous-mêmes, pour cette version jusqu'au moment où nous avons eu connaissance d'une réserve stipulée dans le bail et attribuant au fermier la jouissance de la cuisine du château, probablement parce que le grangeage en était dépourvu. La scène gagnerait évidemment en pittoresque et en intimité dans le cadre rustique de cette cuisine de chalet, un peu obscure, au plafond bas, noircie par la fumée, avec la flamme dansante de l'âtre qui, par moments, met de chauds reflets sur les minois espiègles des deux jeunes filles ou éclaire le visage ravi de l'amoureux !

Mais, étant donné la réserve dont nous venons de parler, il paraît à peu près certain que c'est dans la cuisine du château que les jeunes gens dînèrent sur cette « longue table » mentionnée d'ailleurs aussi dans l'inventaire dressé en 1724 par maître Héritier, notaire collégié à Thônes. Le brave tabellion ne se doutait certainement pas de la célébrité qui allait s'attacher à cette table, en écrivant son grimoire dont voici un extrait : « On pouvait y voir une vieille table de noyer avec un méchant banc plus une vieille garde- robe de noyer à quatre buffets avec leurs ferrures, plus une crémaillère... »

Enfin, nous ajouterons que la tradition place également le dîner dans la cuisine du château, ou maison de maître.

Depuis 1730, le château de La Tour a subi un certain nombre de transformations à la suite de deux incendies qui détruisirent la toiture et les combles ; le premier vers 1760, le second dans la nuit du 4 au 5 mars 1860. Dépourvu depuis cette dernière date de sa tourelle, qui disparut dans des agrandissements, le petit castel de la noble famille des Galley a perdu son aspect primitif pour devenir une simple habitation bourgeoise.

On entre encore, de plain-pied dans la cuisine, mais la fenêtre prenant jour au midi et sur laquelle Rousseau a dû s'accouder pour regarder la montagne, a perdu ses meneaux et ses bancs d'embrasures. On a muré, pour en faire un placard, la cheminée à large manteau en plateaux de chêne reliés par des boulons massifs et reposant sur des pilastres à pans coupés. Enfin, le sol, qui était composé mi-partie de dalles séculaires et d'un pavage serré en moellons sur champ, a été recouvert par un plancher ; si bien qu'actuellement, il est un peu difficile de se représenter l'aspect qu'avait cette cuisine lorsque Rousseau y dîna.

Au-dessus de la porte d'entrée, on voit encore, sculptées dans la pierre et assez bien conservées, les armoiries des Galley avec l'alliance des de Lallée.

La chapelle et le four ont été remplacés par des greniers, et la ferme, elle-même, a subi des transformations vers 1868.

La seule chose qui, sans doute, n'a pas changé, est ce petit chemin pavé, bordé d'arbres à fruits et de vestiges d'anciens murs aux pierres verdies de mousses, qui conduit du Martinet à la maison de La Tour, où Jean-Jacques passa avec ses amies et où ses fervents admirateurs peuvent encore aujourd'hui, en toute confiance, et avec émotion, chercher à évoquer son souvenir [+].

On pourrait remarquer que, dans son récit, Rousseau ne parle que de la fermière et de ses enfants, oubliant le fermier... Ce détail insignifiant en soi prouverait encore que sa mémoire était fidèle et qu'il n'a rien inventé. Les actes d'amodiation de la ferme nous apprennent, en effet, que le granger ou fermier de La Tour était, en même temps, locataire d'un chalet appartenant à Mme Galley et situé plus haut, sur la montagne de Colomban. Or, au commencement de juillet, la saison d'inalpage est commencée. Les chalets de montagne sont habités et les troupeaux égrènent déjà leurs carillons aux flancs des pâturages. On peut donc supposer avec quelque certitude que, le 1er juillet 1730, le fermier devait être monté au chalet d'en haut tandis que sa femme gardait la ferme de La Tour avec les enfants que les deux jolies filles « baisaient de tems en tems » pour faire endiabler le pauvre Jean-Jacques.

LA CUEILLETTE

Après le dîner nous fîmes une économie. Au lieu de prendre le café qui nous restoit du déjeûner, nous le gardâmes pour le goûter avec de la crème et des gâteaux qu'elles avoient apportés; et pour tenir notre appétit en haleine, nous allâmes dans le verger achever notre dessert avec des cerises. Je montai sur l'arbre, et je leur en jettois des bouquets dont elles me rendoient les noyaux à travers les branches. Une fois Mlle Galley, avançant son tablier et reculant la tête, se présentoit si bien et je visai si juste, que je lui fis tomber un bouquet dans le sein; et de rire. Je me disois en moi-même : « Que mes lèvres ne sont-elles des cerises ! comme je les leur jetterois ainsi de bon cœur ! »

Arsène Houssaye a mis en doute cette scène. Il a supposé que Rousseau a pu se souvenir, en écrivant les *Confessions*, d'une gouache de Baudouin, gendre de Boucher, intitulée « Les cerises et les amoureuses » qui fit du bruit vers 1760.

« Ces deux filles qui attendent des cerises gorge entr'ouverte et les bras demi-nus, ne sont-ce pas les visions de Jean-Jacques? Et ce galant qui cueille les cerises et qui les jette avec intention, n'est-ce pas Jean-Jacques lui-même? C'est-à-dire que Jean-Jacques au lieu de se souvenir d'une page de sa vie, s'est souvenu d'un tableau de Baudouin. »

Cette opinion est, évidemment, soutenable. Cependant, nous rapporterons ici quelques détails qui, jusqu'à un certain point, pourraient être invoqués à l'appui du récit de Rousseau et sembleraient en confirmer l'exactitude :

La vallée de Thônes, dont l'altitude dépasse 600 mètres, offre cette particularité de produire beaucoup de cerisiers, qui disparaissent cependant de plus en plus. Autrefois, au printemps, lorsque ces arbres étaient en fleurs, on eût dit qu'il avait neigé sur les prés. Ils donnent de petites cerises noires, presque sauvages, appelées « grêfions » avec lesquelles on fait un kirsch renommé. Ces cerises sont précisément mûres à la Saint-Jean d'été, soit à la fin de juin.

LA CUEILLETTE DES CERISES

D'après Scabl.

La propriété de Mme Galley comprenait, outre le jardin, plusieurs vergers où existent encore aujourd'hui des cerisiers et le village de Glapigny était, il y a quelques années, le plus renommé de la région pour ce genre de production. D'autre part, les baux de location cités plus haut nous apprennent que Mme Galley se réservait les fruits de certains arbres à son choix, avant la récolte. Il s'agit certainement ici de cerisiers, le pays ne produisant guère à cette époque d'autres arbres à fruits. « Prélèvera la dite dame, soit fruits d'iceux auparavant que de procéder à partage des autres. » Et, ailleurs : « Se réservant avec le jardin et noisetiers qui sont dedans et autour du dit jardin et encore les fruits et prises de quatre arbres fruitiers et deux noiers à son choix » ou encore « huit arbres à choix dans le verger ».

On peut supposer avec quelque raison que Claudine Galley était allée le 1er juillet 1730 à La Tour précisément pour réserver quelques cerisiers au lieu et place de sa mère restée à Annecy ou pour partager la récolte, la ferme étant louée à moitié fruits.

On pourrait également invoquer la tradition

qui, au château de La Tour, a transmis, de fermier en fermier, jusqu'à nos jours le souvenir de cette scène. Si l'on ne montre plus le cerisier sur lequel Jean-Jacques était grimpé et qui aurait été coupé vers 1842, on indique encore, du moins, son emplacement.

Enfin, nous ajouterons ce dernier renseignement qui nous semble avoir quelque importance :

Il existe actuellement à Ugine (Savoie) dans l'intéressante collection de M. Perrier de La Bâthie, une ancienne peinture représentant la scène du cerisier décrite par Rousseau. Or, cette peinture provient de l'habitation, à Ugine, d'une nièce de Claudine Galley, Mlle Josephte-Marie-Charlotte de Galley de Saint-Pierre, épouse de noble Joseph-Marie Delachenal, avocat au Sénat de Savoie, dont M. Perrier de La Bâthie est un des descendants.

Ce tableau était placé dans le trumeau de la cheminée d'une salle à manger, style Louis XVI, dont les dessus de portes étaient ornés, l'un d'une peinture représentant le château de La Tour, l'autre d'un portrait de Josephte-Marie-Charlotte Galley, exécuté en 1790 et que possède encore M. Perrier de La Bâthie.

Le tableau en question est une peinture à l'huile sur panneau de bois de 1 mètre de hauteur sur 1 m. 15 de large, non signée, mais que l'on peut faire remonter à la fin du XVIIIe siècle, d'après sa facture et son encadrement. Le sujet est une reproduction de la gouache de Baudouin, intitulée « Les Cerises » et vulgarisée par une gravure de N. Ponce.

Du sommet d'une échelle appuyée contre un cerisier, un jeune homme jette un bouquet de cerises à une jeune fille debout au pied de l'arbre, qui tend son tablier pour les recevoir. Près d'elle, une autre jeune fille est occupée à remplir un panier de cerises ; un mulet chargé de fruits, des moutons et un chien complètent la scène.

Ainsi donc, dans la famille même de Claudine Galley, à la fin du XVIIIe siècle, et peu de temps peut-être après la publication des *Confessions*, on avait tenu à rappeler la scène du cerisier.

Et puis, pourquoi douter ? Le récit de Rousseau semble si bien s'adapter au temps, aux lieux et aux coutumes.

Aujourd'hui encore, dans cette vallée de Thônes, pendant les tièdes journées de juillet, quand les cerises noires sont mûres, des scènes semblables se renouvellent sans doute...

Dans le mystère des branches vertes, des jeunes gens font quelquefois les mêmes gestes ..., mais ce n'est plus Rousseau qui est sur le cerisier !

LE RETOUR

La journée se passa de celle sorte à folâtrer avec la plus grande liberté, et toujours avec la plus grande décence. Pas un seul mot équivoque, pas une seule plaisanterie hasardée ; et celle décence, nous ne nous l'imposions point du tout, elle venoit toute seule, nous prenions le ton que nous donnoient nos cœurs. Enfin ma modestie, d'autres diront ma sottise, fut telle, que la plus grande privauté qui m'échappa fut de baiser une seule fois la main de Mlle Galley. Il est vrai que la circonstance donnoit du prix à cette légère faveur. Nous étions seuls, je respirois avec embarras, elle avoit les yeux baissés. Ma bouche, au lieu de trouver des paroles, s'avisa de se coller sur sa main, qu'elle retira doucement après qu'elle fut baisée, en me regardant d'un air qui n'étoit point irrité. Je ne sais ce que j'aurois pu lui dire : son amie entra, et me parut laide en ce moment.

Enfin elles se souvinrent qu'il ne falloit pas attendre

la nuit pour rentrer en ville. Il ne nous restoit que le tems qu'il falloit pour arriver de jour, et nous nous hâtâmes de partir en nous distribuant comme nous étions venus. Si j'avois osé, j'aurois transposé cet ordre; car le regard de Mlle Galley m'avoit vivement ému le cœur; mais je n'osois rien dire, et ce n'étoit pas à elle de le proposer. En marchant nous disions que la journée avoit tort de finir, mais, loin de nous plaindre qu'elle eût été courte, nous trouvâmes que nous avions eu le secret de la faire longue, par tous les amusemens dont nous avions su la remplir.

Je les quittai à peu près au même endroit où elles m'avoient pris. Avec quels regrets nous nous séparâmes! Avec quel plaisir nous projetâmes de nous revoir! Douze heures passées ensemble nous valoient des siècles de familiarité. Le doux souvenir de cette journée ne coûtoit rien à ces aimables filles; la tendre union qui régnoit entre nous trois valoit des plaisirs plus vifs, et n'eût pu subsister avec eux : nous nous aimions sans mystère et sans honte, et nous voulions nous aimer toujours ainsi. L'innocence des mœurs a sa volupté, qui vaut bien l'autre, parce qu'elle n'a point d'intervalle et qu'elle agit continuellement. Pour moi, je sais que la mémoire d'un si beau jour me touche plus, me charme

LA VALLÉE DU FIER

plus, me revient plus au cœur, que celle d'aucuns plaisirs que j'aie goûtés en ma vie. Je ne savois pas trop bien ce que je voulois à ces deux charmantes personnes, mais elles m'intéressoient beaucoup toutes deux. Je ne dis pas que, si j'eusse été le maître de mes arrangemens, mon cœur se seroit partagé; j'y sentois un peu de préférence. J'aurois fait mon bonheur d'avoir pour maîtresse Mlle de Graffenried; mais à choix, je crois que je l'aurois mieux aimée pour confidente. Quoi qu'il en soit, il me sembloit en les quittant que je ne pourrois plus vivre sans l'une et sans l'autre. Qui m'eût dit que je ne les reverrois de ma vie, et que là finiroient nos éphémères amours?

Eh! oui, cette journée a tort de finir!

Dans la cuisine de la grangère le goûter s'achève au milieu des rires et l'heure du départ est venue. Les chevaux attendent déjà près de la fontaine, qui murmure doucement. Au seuil de la porte, surmontée de l'écusson seigneurial, voici les deux amies qui apparaissent, un bouquet de cerises épinglé au corsage. Elles embrassent une dernière fois les enfants de la fermière. Claudine a posé sur l'arçon de la selle sa jolie main, frissonnante encore du baiser de Jean-Jacques... Elles sont à cheval. Un peu déçu et morose, il reprend sa place derrière Mlle de Graffenried et, comme à regret, ils s'éloignent sous les ombrages, le long du petit chemin pavé de dalles glissantes, où les chevaux marchent avec précaution.

Autour d'eux la campagne se fait plus douce, plus affable. Les forêts, les bois, les prairies, où les arbres allongent des ombres ténues, avivent leurs couleurs sous les rayons déjà obliques du soleil. Le ciel est d'un bleu de gentiane. Sur les pentes étagées du Colomban, baignées de lumière dorée, les chalets alpestres, épars parmi les sapins, semblent sourire, avec leurs façades bistrées dont les petites fenêtres brillent comme des soleils. On entend tinter les carillons des troupeaux dans les lointains pâturages et cette lente mélopée les accompagne longtemps comme un adieu.

Voici Thônes avec son clocher argenté; puis la longue vallée du Fier, qui commence à s'assombrir; le chemin royal accroché aux flancs des ravins.

Le soleil s'abaisse toujours vers Annecy, colorant de teintes plus douces les cimes des montagnes et, peu à peu, la mélancolie du soir descend sur la vallée.

En ce moment même, Rousseau n'éprouve-t-il pas l'influence mystérieuse de ce déclin du jour? Son âme impressionnable et sensible ne s'emplit-elle pas aussi de tristesse à mesure que s'approche l'instant de la séparation ?

Depuis qu'il a rencontré les deux enchanteresses, dans quel ravissement délicieux n'est-il pas plongé? Jamais, peut-être, sa détresse n'avait été aussi grande que ces jours derniers... « Maman » n'est plus à Annecy. En revenant de Lyon, il ne l'a pas retrouvée dans son logis de la rue Saint-François. Il est seul, sans lendemain, à bout de ressources, réduit à solliciter l'hospitalité précaire de Venture. Et, ce matin même, s'il est venu errer le long du Fier, dans cette vallée de Dingy, n'était-ce pas pour demander à la nature consolatrice l'oubli de ses angoisses ?

Il les rencontre ! Il a déjà vu quelquefois Mlle de Graffenried — exilée comme lui — mais il connaît à peine Mlle Galley. D'ailleurs, les conventions sociales, si rigides, les séparent. Elle est noble, riche, jolie, adulée. Elle appartient à l'une des plus notables familles du pays. Lui, n'est qu'un nouveau converti à qui l'on fait la charité. Et, cependant, avec une exquise bonté elle l'accueille et se penche vers lui. Pendant des heures divines il a vécu dans l'intimité de ces charmantes filles qui l'ont à ce point ensorcelé qu'il ne conçoit plus la vie sans l'une et sans l'autre !

Sans doute, maintenant, il chevauche encore en leur compagnie, tenant toujours Mlle de Graffenried serrée dans ses bras et regardant avec extase Claudine Galley, mais, déjà, semble-t-il, les grelots des chevaux ne tintent plus aussi joyeusement et le beau rêve touche à sa fin.

Oh ! arrêter ce soleil qui incendie le ciel de ses rougeurs mourantes... Prolonger de quelques instants encore cette journée qui va rester pour jamais gravée dans son cœur et dont, plus tard, le seul souvenir lui fera verser des larmes d'attendrissement !...

Ils se séparent au pont de Saint-Clair. Pourquoi ne les accompagne-t-il pas plus loin ? Est-ce par scrupule, pour ne point les compromettre ? Peut-être Claudine Galley doit-elle, en passant, s'arrêter chez ses parents au château de Menthon ?

Ou bien, veut-il achever seul, dans le recueillement du crépuscule rose, cette promenade ineffable, pour en revivre plus à son aise les délicieux instants ?

Elles reprennent lentement le chemin du col de Bluffy, sans se douter que ce jeune homme qui se retourne pour les revoir encore et leur envoie son âme dans un baiser, va leur donner l'immortalité !

Le rêve est bien fini.

En rentrant à Annecy, Venture se chargea d'éteindre son bel enthousiasme en le rappelant à de tristes réalités.

Cependant il me rappela bientôt à lui et à moi en me parlant de ma situation. Elle étoit trop critique pour pouvoir durer. Quoique je dépensasse très peu de chose, mon petit pécule achevoit de s'épuiser; j'étois sans ressources. Point de nouvelles de maman; je ne savois que devenir, et je sentois un cruel serrement de cœur de voir l'ami de Mlle Galley réduit à l'aumône.

Pauvre poète ! pauvre amoureux tombé du cerisier !...

RÉMINISCENCES

Le lendemain de la promenade à Thônes, après avoir dîné chez le juge mage Simon avec Venture, Jean-Jacques alla dans la rue Saint-François faire le guet devant la maison habitée par Mme Galley, dans l'espoir d'apercevoir ses amies. Les fenêtres étaient closes. Il attendit vainement. Personne ne parut. Il prit alors le parti d'écrire à Mlle de Graffenried. *J'aurois préféré d'écrire à son amie ; mais je n'osois et il convenoit de commencer par celle à qui je devois la connaissance de l'autre.*

Sitôt sa lettre écrite, il courut la porter rue du Pont-Morens, à Mlle Giraud, une couturière qui travaillait souvent chez Mme Galley et devait servir d'intermédiaire entre ses deux amies et lui, comme cela avait été convenu la veille, avant de se séparer.

Esther Giraud, née à Genève, le 4 septembre

1702, avait abjuré le protestantisme à Annecy le 11 janvier 1727. A cette occasion, son prénom d'Esther avait été remplacé par Françoise Louise. Elle habitait chez Pierre Favraz, à l'extrémité du pont Morens, actuellement numéro 2 de la rue de l'Ile.

Le jour suivant, la réponse que Rousseau attendait avec impatience lui fut remise par Mlle Giraud. *Comme je me pressois de sortir pour l'aller lire à mon aise! Cela n'a pas besoin d'être dit...*

Mais, quelques jours après, il quitta définitivement Annecy pour aller à Fribourg.

Ici se termine, sans doute, la période la plus paisible et la plus douce de la vie de Jean-Jacques. Que de tendres souvenirs il laissait à Annecy, où il avait rencontré Mme de Warens à cet endroit qu'il voulait *entourer d'un balustre d'or*, où son goût pour la musique avait commencé à se développer, où son âme avait ressenti les plus pures ivresses ! « Tout le monde va voir les Charmettes, mais la plus grande impression de Mme de Warens sur Rousseau fut bien plus à Annecy [5]. »

S'il ne devait plus revoir Claudine Galley et Mlle de Graffenried, du moins sa pensée ne les quittait pas.

Pendant quelque temps encore, il resta en correspondance avec Mlle Giraud dont les lettres affectueuses venaient le consoler dans ses déboires de jeune professeur de musique.

J'avois des consolations très douces dans les nouvelles que je recevois de tems en tems des deux charmantes amies.

Dans une lettre à Mlle Giraud, il écrit encore : *L'aimable Demoiselle de Gr... (Graffenried) est toujours dans mon cœur et je brûle d'impatience de recevoir de ses nouvelles ; faites-moi le plaisir de lui demander, au cas qu'elle soit encore à Annecy, si elle agréeroit une lettre de ma main...*

Puis, emporté par sa destinée, il les oublie peu à peu. *En changeant de lieu je négligeai de leur donner mon adresse et forcé par la nécessité de songer continuellement à moi-même, je les oubliai bientôt entièrement.*

Mais non, Jean-Jacques, le mot *entièrement* est de trop... Les premières émotions du cœur ne s'effacent plus lorsqu'on a aimé...

Lui-même nous le prouve à plusieurs reprises dans le cours de ses confessions.

Une fois c'est la rencontre de Venture, à Paris,

qui ramène sa pensée vers Annecy et vers Thônes : *Je le vis presque avec indifférence, et nous nous séparâmes assez froidement. Mais quand il fut parti, le souvenir de nos anciennes liaisons me rappela si vivement celui de mes jeunes ans, si doucement, si sagement consacrés à cette femme angélique (Mme de Warens) qui maintenant n'étoit guère moins changée que lui, les petites anecdotes de cet heureux tems, la romanesque journée de Toune, passée avec tant d'innocence et de jouissance entre ces deux charmantes filles dont une main baisée avoit été l'unique faveur, et qui, malgré cela, m'avoit laissé des regrets si vifs, si touchans, si durables ; tous ces ravissans délires d'un jeune cœur, que j'avois sentis alors dans toute leur force, et dont je croyois le tems passé pour jamais ; toutes ces tendres reminiscences me firent verser des larmes sur ma jeunesse écoulée, et sur ses transports désormais perdus pour moi.*

Plus tard, un jour d'été, en 1756, à l'Ermitage, il revit encore par la pensée l'idylle des cerises :

Je faisois ces méditations dans la plus belle saison de l'année, au mois de juin, sous des bocages frais, au chant du rossignol, au gazouillement des ruisseaux. Tout concourut à me replonger dans cette mollesse trop séduisante, pour laquelle j'étois né, mais dont le ton dur et sévère, où venoit de me monter une longue effervescence, m'auroit dû délivrer pour toujours. J'allois malheureusement me rappeler le dîner du château de Toune, et ma rencontre avec ces deux charmantes filles, dans la même saison et dans des lieux à peu près semblables à ceux où j'étois dans ce moment.

Les années passent, mais les impressions d'Annecy subsistent. Comme un chant de pâtre entendu un soir dans nos montagnes, dont l'air mélancolique reviendrait sans cesse à l'oreille, ils reviennent, ils reviennent, les chers souvenirs de Savoie :

Aujourd'hui, jour de Pâques-fleuries, il y a précisément cinquante ans de ma première connaissance avec Mme de Warens. Elle avait 28 ans alors, étant née avec le siècle. Je n'en avois pas encore dix-sept et mon tempérament naissant, mais que j'ignorois encore, donnoit une nouvelle chaleur à un cœur naturellement plein de vie... [6]

Pendant ces cinquante ans qu'étaient devenues les rieuses et folâtres héroïnes de l'idylle des cerises et ses amies d'Annecy ?

Malgré sa naissance et sa beauté, Claudine

Galley avait attendu dix ans avant de se marier, comme si le souvenir troublant de Jean-Jacques avait suffi à remplir son cœur. Elle avait épousé, en 1740, un noble sénateur au souverain Sénat de Savoie, Jacques Sautet, qui était âgé de soixante ans lorsqu'il la conduisit à l'autel ![7] Elle en avait trente !

Devenue veuve en 1761 et n'ayant pas eu d'enfant, elle devait survivre à Rousseau. Elle mourut à Chambéry le 16 mars 1781 une année avant la publication des premiers livres des *Confessions* [8].

Ainsi, elle n'a pas pu lire, avant de s'éteindre, le récit célèbre qui allait apprendre son nom à la postérité et l'auréoler pour toujours d'une si douce poésie.

Son amie, Mlle de Graffenried, après avoir passé quelques années au second monastère de la Visitation d'Annecy, puis, comme pensionnaire, chez les Dames de Bonlieu, dormait son dernier sommeil dans l'ancienne chapelle du couvent du faubourg de Bœuf [9].

Une autre tombe s'était ouverte encore ; celle-là, à Chambéry, sur la colline de Lémenc, en face des Charmettes, pour recevoir la pauvre « Maman », morte, presque misérable, le 29 juillet 1762 [10].

Enfin, la fidèle messagère de Jean-Jacques auprès de Mlle de Graffenried, Esther Giraud, qui avait eu pour lui une passion sincère autant que malheureuse, était morte en 1774.

En écrivant sa « Rêverie », ce dimanche des Rameaux (1778) [11], Rousseau n'avait plus que quelques mois à vivre et, c'est, peut-être, d'une main tremblante d'émotion qu'il ajouta ces lignes, qui sont comme son dernier adieu à la Savoie :

Il n'y a pas de jours où je ne me rappelle avec joie et attendrissement cet unique et court tems de ma vie où je fus moi pleinement, sans mélange et sans obstacle, et où je puis véritablement dire avoir vécu. Je puis dire à peu près comme ce préfet du prétoire, qui, disgracié sous Vespasien, s'en alla finir paisiblement ses jours à la campagne : « J'ai passé soixante et dix ans sur la terre et j'en ai vécu sept. » [12].

NOTES

1. Charlotte de Menthon du Marest, fille de Paul, seigneur du Marest, et de Suzanne de Riddes, dont le château seigneurial était situé non loin du col qui sépare la vallée de Thônes de celle de Serraval, appartenait à l'une des branches de l'illustre famille de saint Bernard de Menthon.

De son mariage, le 20 mars 1708, avec François-Marie Galley de Saint-Pierre, coseigneur de la Val des Clefs et propriétaire de la maison forte ou château de La Tour, elle eut treize enfants dont le dernier naquit trois mois après la mort du père, survenue le 8 janvier 1724. Plusieurs de ces enfants moururent en bas âge, toutefois, à la mort de son mari, Mme Galley avait encore deux garçons et quatre filles :

Joseph-François-Marie, héritier universel de son père, comme fils aîné, et mort avant 1740 ; Bernard, né le 8 juin 1721, qui épousa Jeanne-Louise de Cornillon et mourut le 27 mars 1790 ; Claudine, née le 27 juin 1710, l'héroïne de *l'Idylle des cerises* ; Jeanne-Rose, née le 29 mai 1712, qui entra au couvent des Bernardines de Rumilly le 27 mai 1729 ; Charlotte-Bernardine, née le 17 juin 1717, qui épousa, le 23 février 1745, Joseph-René de Lostan ; Marie-Claudine, née le 9 novembre 1722, décédée avant 1755, et enfin une cinquième fille Jeanne-Françoise, fille posthume, née le 11 avril 1724, qui épousa, le 17 mars 1752, Pierre-Gabriel de Sion, baron de Saint-André.

On trouvera des renseignements sur cette famille dans l'*Armorial* de A. de Foras et dans l'ouvrage de F. MUGNIER : *Mme de Warens et J.-J. Rousseau*. Toutefois de nombreuses erreurs sont à signaler. C'est ainsi que F. Mugnier donne Jeanne-Rose comme étant la femme de Pierre-Gabriel de Sion, erreur qu'il a d'ailleurs rectifiée, sans s'en douter, dans sa brochure relative à *l'État civil de Ramilly*. Quant à Amédée de Foras, il indique comme pouvant être l'héroïne des cerises une tante de Claudine, qui vivait en 1716.

2. La scène du passage du gué ainsi que celle du cerisier ont été, dès la publication des *Confessions*, popularisées par la peinture et la gravure. Ne pouvant à notre grand regret citer toutes les œuvres connues, nous nous contenterons de signaler : 1° *Le Ruisseau* et *les Cerises* peints par Scahl et gravés par Augustin le Grand ; 2° deux toiles de Camille Roqueplan, qui étaient, il y a quelques années, chez M. de Rothschild au château de Ferrières ; l'une représentant Jean-Jacques passant le gué et l'autre Jean-Jacques sur le cerisier.

3. C'est le temps de marche qu'il faut actuellement pour se rendre d'Annecy au pont du Melèze, par l'ancienne route de Thônes qui suit, à quelque chose près, le tracé de l'ancien chemin royal de 1730.

Depuis 1898, une ligne de tramway à vapeur, qui relie Annecy à Thônes, passe précisément par le défilé de Saint-Clair. En facilitant beaucoup la visite de la vallée de Thônes, elle permet aussi aux admirateurs de Rousseau de suivre l'itinéraire de sa promenade et de voir, un peu après la gare de Dingy-Parmelan, sans quitter le tramway, le gué présumé du Fier et l'endroit où la route de la rive droite traverse le ruisseau du Melèze, au hameau de Glandon.

4. Pour se rendre actuellement de Thônes au château de La Tour, en sortant de la ville par la rue de la Saône, où est située l'ancienne habitation de la famille Galley (aujourd'hui hôtel meublé de Plainpalais), il faut suivre pendant 5 à 6 minutes la route des Villards, pour prendre à droite, près d'une croix de pierre, le chemin de Glapigny.

Peu après avoir passé devant un oratoire et traversé le pont du nant Bruyant, au hameau du Martinet, abandonner le chemin à son tournant, pour suivre le sentier pavé qui s'ouvre à gauche et grimpe dans les prairies.

Il est représenté sur la mappe de Thônes de 1730, et comme à cette époque il était la seule voie desservant le château de La Tour, c'est forcément par là que passèrent J.-J. Rousseau et Mlles Galley et de Graffenried. Des plaques indicatrices, placées par les soins du comité d'initiative de Thônes, facilitent cette promenade. (De Thônes à La Tour 25 minutes de marche.)

5. Michelet : Histoire de France. Louis XV et Louis XVI (Paris, 1867, p. 40 et s.).

6. J.-J. Rousseau : « Rêveries d'un promeneur solitaire », « Dixième rêverie ».

7. Voici l'acte de mariage de Claudine Galley avec Jacques Sautet, qui était sénateur de Savoie depuis le 12 août 1737 : « Le « 31 janvier 1740 ont reçu la bénédiction nuptiale le seigneur Jacques « Sautet, sénateur au souverain Sénat de Savoie, et demoiselle « Claudine de Galley. Témoins : R[d] S[r] Lachenal et Joseph Marchand.

« Signé : Burnod vicaire. » (Arch. dép. de la H.-Sav., série G, copies des actes de catholicité de Thônes.)

Le contrat dotal avait été passé le 10 novembre 1739, à 5 heures du soir, au château de Menthon, en présence de « Dom Idelfonse Belly, abbé de Ste-Anne en la royale abbaye de Talloires ; Révérendissime Dom Michel de Roland, abbé claustral de la dite abbaye ; Bernard, comte de Menthon et de Montrottier ; Bernard, René et Louis-Guillaume de Menthon, ses fils, et de M. Joseph de la Croix d'Auturin, de Chambéry.

La dot de Claudine Galley fut de 3000 livres, plus 500 livres, cadeau de son frère Bernard, pour son trousseau. (Arch. dép. H.-Sav., série E sup. Tabel. d'Annecy, 1739, livre II, fol. 794.)

Jacques Sautet mourut à Chambéry, le 11 décembre 1761, âgé d'environ 81 ans.

8. Les six premiers livres des *Confessions* furent publiés en 1782.

9. Mlle de Graffenried se réfugia en 1732 au second monastère de la visitation d'Annecy, puis en 1738, entra comme pensionnaire au couvent des Dames cisterciennes de Bonlieu, établi depuis 1664 à l'extrémité du faubourg de Bœuf, dans la maison de Claude Machet, où elle mourut le 27 janvier 1748. Voici son acte de décès, d'après l'*Obituaire de l'abbaye de Bonlieu*, conservé aux archives de l'Académie florimontane d'Annecy : « *27 janvier en 1748 est décédée Mademoiselle de Graffenried, pensionnaire.* »

Elle fut probablement, suivant la coutume, ensevelie dans la chapelle du couvent occupée aujourd'hui par la remise de la maison Revil, n° 55, qui forme l'angle nord-ouest de la rue Carnot et du boulevard Cardinal de Brogny.

C'est en 1754 seulement, que le couvent des Cisterciennes de Bonlieu fut transféré au Pâquier, où il exista jusqu'à la Révolu-

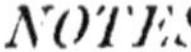

tion et laissa son nom à la propriété actuelle de la famille Laeuffer.

10. Décédée à Chambéry, le 29 juillet 1762, Mme de Warens fut ensevelie dans le cimetière de Lémenc. Voir son acte de décès dans F. MUGNIER : *Madame de Warens et J.-J. Rousseau*, p. 374.

11. Le 12 Avril 1778, cinquante ans après son arrivée à Annecy qui avait eu lieu le dimanche des Rameaux, 21 mars 1728. J.-J. Rousseau a donc écrit ces lignes moins de trois mois avant sa mort, survenue à Ermenonville le 2 juillet 1778.

12. J.-J. Rousseau : « Rêveries d'un promeneur solitaire », Dixième rêverie.

TABLE DES ILLUSTRATIONS

TABLE DES MATIÈRES

MACON, PROTAT FRÈRES, IMPRIMEURS. MCMXXVIII

www.ingramcontent.com/pod-product-compliance
Ingram Content Group UK Ltd.
Pitfield, Milton Keynes, MK11 3LW, UK
UKHW020344180726
13839UKWH00002B/905